S. A. G. Angermüller

Theo Sundermeier

Das Vater unser
in Bildern,
Zeichen, Sprachen

calwer

Vater unser im Himmel

Our Father in heaven

Notre Père
qui es aux cieux

Padre nuestro
que estás en los cielos

Padre nostro
che sei nei cieli

Отче наш
сущий на небесах

أَبَانَا
ٱلَّذِي فِي ٱلسَّمْوَاتِ

Geheiligt werde dein Name

Hallowed
be your name

Que ton
nom soit sanctifié

Santificado sea
tu nombre

Sia santificato
il tuo nome

да святится
имя Твое

لِيَتَقَدَّسِ ٱسْمُكَ

Dein Reich komme

Your kingdom come

Que ton règne vienne

Venga tu reino

Venga il tuo regno

да приидет Царствие Твое

لِيَأْتِ مَلَكُوتُكَ

Dein Wille geschehe,
wie im Himmel,
so auf Erden

Your will be done
as in heaven, on earth

Que ta volonté soit faite,
comme au ciel, sur la terre

Hágase tu voluntad
como en el cielo,
así también en la tierra

Sia fatta la tua volontà,
come in cielo,
così in terra

да будет воля Твоя,
как на небе и на земле

لِتَكُنْ مَشِيئَتُكَ
كَمَا فِي ٱلسَّمَاءِ
كَذٰلِكَ عَلَى ٱلْأَرْضِ

Unser tägliches Brot
gib uns heute

Our daily bread
give us today

Notre pain de ce jour
donne-nous aujourd'hui

El pan nuestro
de cada día dánoslo hoy

Il nostro pane
quotidiano dacci oggi

Хлеб наш насущный
дай нам на сей день,

خُبْزَنَا
كَفَافَنَا
أَعْطِنَا ٱلْيَوْمَ

Und vergib uns unsere Schuld,
wie auch wir vergeben unsern Schuldigern

Forgive us our sins,
as we forgive those who sin against us

Pardonne-nous nos offenses,
comme nous pardonnons aussi à ceux
qui nous ont offensés

Y perdónanos nuestras deudas,
como también nosotros perdonamos
a nuestros deudores

E rimetti a noi i nostri debiti,
come noi li rimettiamo
ai nostri debitori

И прости нам долги наши,
как и мы прощаем должникам нашим

وَاغْفِرْ لَنَا
ذُنُوبَنَا
كَمَا نَغْفِرُ نَحْنُ أَيْضًا
لِلْمُذْنِبِينَ إِلَيْنَا

Und führe
uns nicht
in Versuchung

Lead us not
into temptation

Et ne nous
soumets pas
à la tentation

Y no nos metas
en tentación

E non ci indurre
in tentazione

И не введи нас
в искушение

وَلاَ تُدْخِلْنَا
فِي تَجْرِبَةٍ

sondern erlöse uns von dem Bösen

but deliver us from evil

mais délivre-nous du Mal

mas líbranos del mal

ma liberaci dal male

но избавь нас от лукавого

لٰكِنْ نَجِّنَا
مِنَ ٱلشِّرِّيرِ

Denn dein ist das Reich
und die Kraft
und die Herrlichkeit
in Ewigkeit

Amen

Farbe und Klang

Anmerkungen zum Vaterunser-Zyklus von S.A.G. Angermüller

Kann man Gebete malen? Noch dazu das eine, das uns so vertraut ist von Jugend auf, vertraut in Wort und Klang. Dieses Gebet will gesprochen werden, immer wieder, gemeinsam und allein.

Gelegentlich singen wir das Vaterunser. Die Melodie unterstreicht den Text, die Töne lassen die Worte in uns nachklingen, so daß ein neues Gebet in uns entsteht.

Auch Farben sind Klänge. Wir sprechen von einem Farbklang und drücken dadurch aus, daß wir Kälte empfinden und Wärme, Zuneigung und Abstoßung, Harmonie und Spannung, je nachdem, wie die Farben einander zugeordnet sind und vor welchem Hintergrund sie aufleuchten. Das Mittelalter hat sehr sorgsam über die Bedeutung der Farben nachgedacht und ihre Symbolik festgehalten. Auch wenn der moderne Maler und der Betrachter seiner Bilder nicht mehr in dieser Symbolwelt zu Hause sind, ihre Obertöne schwingen mit. Sie sind aus der Wirkung der Farben selbst gewonnen und aus ihrem Sinn, der durch die christliche Kultur geprägt ist. Diese Tradition werden die Betrachter der Bilder S.A.G. Angermüllers nicht ignorieren wollen und können, wenn sie sich auf diese Bilder einlassen und mit ihnen über das Vaterunser nachdenken. Meditierend gewinnen wir durch die Bilder ein neues Verständnis des Vaterunsers, so daß wir es mit der Gemeinde vor Gott neu sprechen können.

Siegfried Arno Gottlieb Angermüllers Farbmeditationen sind so etwas wie »Nachbilder«. »Nachbilder« entstehen, wenn man länger in ein helles Licht schaut und plötzlich die

Augen schließt. Dann tauchen sie vor unseren Augen auf, formen und verändern sich, ziehen Kreise, lassen Schwingungen entstehen, bilden Räume, die im Verklingen eine Spur bilden, geboren aus dem Licht, das uns blendete.

Das Vaterunser ist gelegentlich wie solch ein Licht, das uns leuchtet und blendet. In jedem von uns ruft es »Nachbilder« hervor, auch wenn wir uns dessen nicht bewußt sind. Bei jedem sind sie anders. Wir kommen mit unseren Erfahrungen, unserem Leben und täglichen Gestimmtheiten zum Gebet. Auch zu diesen Bildern. Jeder darf anderes sehen und hören, wenn er sich »nachbildnerisch« auf sie einläßt.

Vater unser im Himmel!

Das Vaterbild hat bei uns an Bedeutung verloren. Zuviel Härte war darin eingeschmiedet. Ein wenig davon läßt die aufragende dunkle Stele noch erahnen. Aber sie ist oben abgerundet, sie hat sich dem weichen Lichtbogen angeglichen. Das Weiche ist auch in ihr selbst enthalten: oben, wie in zwei hohl zusammengelegten Händen, wird ein rundes Grün gehalten, Zeichen des neuen Lebens. Für den Maler ist diese Farbe die Farbe des Heiligen Geistes. Er führt uns in das neue Leben aus Gott.

Eine im Jahre 1990 weit über ihre Grenzen hinaus bekanntgewordene Heidelberger Kunstausstellung hat den Sinn der Farbe fast zum Slogan werden lassen: Blau ist »die Farbe der Ferne«. Davon ist auf diesen Bildern etwas zu spüren. Blau ist die Farbe des Himmels, der fernen Welt Gottes. Hier aber ragt es dunkel und steil ins Bild. Gott ist im Gebet der uns nahe Gott, der »wie der liebe Vater von seinen lieben Kindern« angesprochen werden will, wie Luther sagt. Aber er bleibt auch der ferne, undurchdringliche, der »ceus absconditus«, der verborgene Gott, der uns gefährdet und uns bedroht und im Bedrohen uns segnet, wie Jakob am Jabbok (1. Mose 32). Etwas davon spiegelt das dunkle Blau wider, und es ließe uns zurückweichen, würde sich nicht das Licht nach vorne ins Bild drängen und die dunkle Stele hell umhüllen. »Gott will im Dunkeln wohnen, und hat es doch erhellt« (Jochen Klepper).

Geheiligt werde dein Name.

Die passivische Umschreibung der ersten Bitte meint: Gott, heilige du selbst deinen Namen. Laß ihn auf dem ganzen Erdenrund verkündet werden. Laß ihn so bekannt sein, daß deine Wirklichkeit unsere überwindet. Unsere Wirklichkeit, das ist beides, eisige Kälte und wärmendes Feuer. Blau und rot – die extremen Gegensatzfarben deuten das an. Sie machen unseren »Lebensvorhang« aus. Wir tappten im Dunkeln, wenn nicht Gott selbst ihn öffnete, so daß sein Licht wahrnehmbar wird. Aber auch das sagt das Bild: So dunkel es auf dieser Seite auch immer ist, so leuchtet auf der anderen, uns in Aussicht gestellten Seite stetig Gottes Licht.

Mit diesen ersten zwei Bildern, die auch jeweils für sich allein stehen können, beginnt nun eine Wellenbewegung, die sich im Auf und Ab durch alle Bilder hindurchzieht, um im Schlußpunkt des letzten Bildes zur Ruhe zu kommen. Hinzu kommen zwei gegenläufige Kreishälften, die die Verknüpfung der folgenden sechs Bilder ausmachen. Der Mittelpunkt des tunnelförmigen Halbkreises liegt im verschwommenen, nur leicht angedeuteten blauen Punkt des zweiten Bildes. Die

Halbkreisbewegung der weiteren drei Bilder verläuft schalenförmig von oben nach unten. Das Zentrum bildet die Spirale des siebten Bildes. Auf den nächsten drei Bildern wird gleichsam die Erde umschrieben. Es geht um ihre Bewahrung und die der Menschen auf ihr. Auf den darauf folgenden drei Bildern geht es um die tödliche Bedrohung der Gemeinde in der Welt, die kosmische Ausmaße hat. Die beiden Dreierreihen und Kreisfugen werden durch das ruhige Rund des Blaus im fünften und sechsten Bild zusammengehalten, das über allem aufgeht und aus dem sich ein weißer Weg in die bedrohte Welt bahnt. »Wo aber Gefahr ist, wächst das Rettende auch« (Hölderlin). Gott geht den Weg in die Versuchlichkeit, er eröffnet den Weg der Vergebung!

Dein Reich komme!

Die zweite Bitte läßt Gottes Wirklichkeit bei uns sichtbar werden. Hier wird das Kommen des Reiches nicht in apokalyptischen Bildern geschildert. Es kommt nicht wie das himmlische Jerusalem senkrecht vom Himmel herab. Der Maler orientiert sich an der Geschichte Jesu und an seinen Gleichnissen. Das Reich Gottes, so sagen es die Evangelien, kommt von unten. Im Stall von Bethlehem, zwischen Kühen und Eseln, im Dreck der Krippe, da findet man es. Wie ein Saatkorn aus der Erde sprießt, so tritt es aus unserer irdischen Wirklichkeit ins Licht. Noch ist es verdeckt. Aus dem dunklen Blau und einem lichten Grün taucht es auf wie die Sonne des neuen Tages. Wer sich aufmacht, kann es entdecken. Ihm weitet es den Horizont. Er sieht schon den Bogen des Friedens, der sich in unsere Dunkelheit drängt. Wir können und sollen zu Friedensstiftern werden, weil wir uns auf die

Zukunft verlassen können. Die dunkle Nacht mit ihren Schmerzen und schlimmen Nachrichten wird vergehen. Wir dürfen auf die Zukunft neugierig sein.

Dein Wille geschehe, wie im Himmel, so auf Erden.

Woher nimmt der Maler die Gewißheit zu solch tröstlicher Aussage? Das Bild der dritten Bitte gibt darauf die Antwort. Gottes Wille ist schon längst in unsere Erdenwirklichkeit tief eingesenkt. Mitten im Zentrum der Welt ist er wirksam, verdeckt zwar wie der blaue Kreis, doch erkennbar. Er ist es, der die Welt von innen heraus bestimmt. Er ist ihr Zentrum, ohne daß sie es weiß. Wo aber Gottes Wille sichtbar wird, spaltet er die Kälte unserer Welt so, daß die Glut der Liebe hereinbrechen kann. Liebe ist der eigentliche Wille Gottes.

Unser tägliches Brot gib uns heute.

Die Bitte um das tägliche Brot bildet die Mitte des Vaterunsers. So irdisch geht es im Gebet zu, so ernst nimmt Jesus unseren Alltag. Diese Bitte will gemeinsam gesprochen werden. Zwar lautet das Sprichwort bei uns: »Selber essen macht fett«, doch biblische Weisheit spricht: Nur geteiltes Brot macht satt. »Gebt ihr ihnen zu essen«, sagt Jesus zu seinen Jüngern (Mt 14,16). Indem sie das wenige austeilen, das sie haben, werden alle satt. Jesus selbst brach den Seinen das Brot (Mk 14,22, Lk 24,30). Jede irdische Speise, über der wir das Tischgebet sprechen, erinnert daran. Der Maler hat dem Brot die Form einer Oblate gegeben. Die

Bitte um das tägliche Brot wird zur Bitte um die Speise beim ewigen Hochzeitsmahl. Das geteilte Brot des Abendmahls schließt uns zusammen mit allen Geschwistern Christi auf der Erde, den Armen, Hungernden, den Fremden. Auf beides, das Teilen und die Einheit der Kirche, weist das in vier Elementar-Farben gestaltete Brot hin.

UND VERGIB UNS UNSERE SCHULD, WIE AUCH WIR VERGEBEN UNSERN SCHULDIGERN.

Mit der fünften Bitte beginnt ein neuer Kreis von Bitten. Jetzt geht es um des Menschen Fehl und Versagen, um unsere Schuld, um Versuchung und das Böse. Das Tröstliche dieser Bilder liegt darin, daß der Beginn, die Initiative dazu bei Gott liegt. Die neue Kreishälfte senkt sich von oben in die Erdenwelt und geht wieder hinauf zu Gott. Wie in einem Schiff ist die Gemeinde Gottes geborgen. Alle Gefahren und Anfechtungen, selbst das eigene böse Tun, können sie nicht vernichten. »Fürchte dich nicht, du kleine Herde«, sagt Jesus (Lk 12,32).

Man kann fragen, ob der sich diagonal durch das Bild ziehende rote Weg auf die Blutspur des Menschen weisen soll. Wenn ja, dann wird sie radikal von Gottes Vergebungsweg durchkreuzt, der hell aus Gottes Ferne kommt und sich tief in unser Leben drängt. Aber vielleicht weist das Rot schon auf unsere Bereitschaft zur Vergebung, die aus der Liebe kommt und immer etwas vom eigenen Herzblut an sich hat. Wie dem auch sei, das alte theologische Problem der Auslegung der fünften Bitte des Vaterunsers, wie die Zuordnung von Gottes und unserer Vergebung zu verstehen sei (Ist das eine vom anderen abhängig? Bedingen sie sich gegenseitig? Ermöglichen sie sich?), wird hier auf eine überraschend sinnfällige, eindrückliche Weise gelöst. Wo immer Vergebung geschieht, da durchkreuzen sich Gottes und der Menschen Weg, und ein freier Raum des Friedens entsteht. Das weiße Quadrat ist ein altes Symbol des Paradieses. Wo wir vergeben, hat Gott schon längst vergeben. Der Kirche ist aufgetragen, durch Vergebung den Raum des Friedens zu schaffen.

Und führe uns nicht in Versuchung.

Schon der Jakobusbrief meint, diesen Satz gegen Gott verteidigen zu müssen (Jak 1,13f.). Zu Unrecht. Das ist das Geheimnis des Glaubens, zu wissen, daß Gott in allem dabei ist. Mitten im Zentrum des Lebens, aktiv und leidend, schlagend und geschlagen, als der Gekreuzigte und als der Auferstandene, als der, der »tötet und lebendig macht, der in die Hölle führt und wieder heraus« (1.Sam 2,6). Durch die doppelte Farbgebung fügt der Maler ineinander, was zusammengehört, ohne es miteinander zu vermischen. Labyrinth und Ariadnefaden, tödliche Zentrifuge und Lebensspirale, Sackgasse und Neuanfang, Höllenfeuer oder Schmelztiegel – wer kann hier unterscheiden und sagen, was ist was! Die Schrecklichkeit der Versuchung besteht gerade darin, nicht mehr unterscheiden zu können zwischen Gut und Böse, zwischen Freund und Feind, zwischen Gott und Satan. Eines jedoch ist gewiß, und das stellt das Bild in den Mittelpunkt: Gott ist da. Er läßt sich nicht an den Rand des Lebens drängen, sondern bleibt bei uns, wenn wir meinen zu verbrennen im Feuer der Schuld, im Feuer der Angst, in der Glut der Liebe. Darum bekennt der Maler mit dem Psalmisten und betet: »Gott, du hast uns versucht und geläutert, wie das Silber geläutert wird« (Ps 66,10).

Sondern erlöse uns von dem Bösen.

Die Macht des Bösen soll mitten im Gebet angesprochen werden. Gebet ist Meditation, aber auch Stammeln und Stottern, es ist Harmonie, aber auch Aufschrei aus der Tiefe.

Das Aufregende an dem Bild zur letzten Bitte des Vaterunsers ist die Ähnlichkeit der Farben auf diesem und dem nächsten Bild. Doch während dort die »Nachbilder« zur Ruhe kommen, ausschwingen und den Glanz der Ewigkeit verbreiten, sind sie hier klirrend, von schneidender Disharmonie. Unmenschlich wie Glas sind die Farben, irisierend und kalt. Das Märchen weiß davon zu erzählen, daß der Teufel wie Gott Blätter in Gold verwandeln kann. Doch sein Gold verfällt nach drei Tagen und wird wieder das, was es war, Staub. So wird hier göttliches Licht imitiert, doch es ist Licht ohne Schein. Wer sich darauf einläßt, erfriert an seiner Eiseskälte.

Denn dein ist das Reich und die Kraft und die Herrlichkeit in Ewigkeit.

Anders das Bild der Doxologie. Wer es unternimmt, Gottes Herrlichkeit und sein Reich darzustellen, steht in der Gefahr, kitschig zu werden. Der Maler vermeidet diese Gefahr dadurch, daß er nicht nur das Licht, sondern auch das Dunkel, nicht nur den Tag, sondern auch die Nacht einbezieht in Gottes Bund. Der Schatten wird nicht verdrängt, sondern angenommen. Keine Nacht ist zu schwarz, kein Wasser zu tief, als daß sie nicht Gottes Licht spiegelten. Die Nacht leuchtet wie der Tag, und Finsternis wird wie das Licht (Ps 139,12). Das Licht des Ostermorgens geht auf. Vom Aufgang der Sonne bis zu ihrem Niedergang will Gottes Name gelobt sein (Ps 113,3).

Amen

Das Bild zum Amen ist mehr als ein Schlußpunkt. Der Kreis ist die vollkommenste Form. Ohne Anfang und ohne Ende ist die Kreislinie. Alle Punkte auf ihr sind vom Zentrum gleich weit entfernt. Der Kreis kennt kein Vorne und kein Hinten, kein Oben und kein Unten. Darum ist er das Symbol Gottes schlechthin. Er weist auf den Himmel und die Welt Gottes. Dagegen steht das Rechteck nach mittelalterlicher Tradition für die Menschenwelt, das Quadrat für die kommende Welt. Es ist das Geheimnis des Paradieses, daß Gott dort den Menschen nahe sein wird. All das faßt der Maler mit wenigen Strichen symbolhaft zusammen. Noch einmal weist er durch das Rot auf die Liebe Gottes hin, die verläßlich ist und dafür einsteht, daß das von Jesus zuerst gesprochene und von uns nachgesprochene Gebet gehört und erhört werden wird. Von Gott selbst kommt es, in ihm findet es sein Telos, sein Ende und Ziel. Wie der Glaube ins Schauen übergehen, die Hoffnung ihre Erfüllung finden, die Liebe aber bleiben wird (1.Kor 13), so darf das Gebet in die Liebe ausmünden.

Wir treten in Gottes Ruhe ein, die uns als Liebe umfängt.

Theo Sundermeier

DIE BILDER UND DER KÜNSTLER

Abbildung auf Buchcover:
Die Imago Weiß braucht kein Bild (nach einem Gedicht gleichen Titels von Wolfgang S. Engel, 1986)
Format: 180 x 180 cm

Entstehungsjahre: 1988, 1989, 1990

Technik: Acrylfarben auf Nessel

Vaterunser-Zyklus:
10 Gemälde
Format: 180 x 130 cm

Entstehungszeitraum: Dezember 1990 – Juni 1991

Technik: Acrylfaben auf Segeltuch

Konzept: Berücksichtigung der theologischen Gebetsgliederung in Anrede, sieben Bitten, Lobpreisung (Doxologie) und Amen.

Die zehn Bilder fügen sich zu einem 13 Meter langen Fries.

Alle Bilder sind im Besitz des Künstlers.

Kurzbiografie:
Siegfried Arno Gottlieb ANGERMÜLLER (SAGA), geboren 1945 in Coburg, lebt in Heidelberg.

Seit 1980 eigene Ateliers für Malerei in Heidelberg (vorher Innenarchitekt).

Zahlreiche offizielle, inoffizielle und kommerzielle Ausstellungen im In- und Ausland (in Hallen, Schlössern, Palästen, Kirchen, Schulen, Zimmern und auf Straßen).

Dreijährige Lehrtätigkeit an der VHS Heidelberg und am Bildungswerk der Erzdiözese Köln.

Veröffentlichungen und Vorträge zum Themenbereich »Der Mensch, die Arbeit und die Kunst. Eine Innenwelt in der Umwelt«.

Der Autor:
Theo Sundermeier, geboren 1935 in Bünde/Westf., lehrte 11 Jahre an verschiedenen Seminaren im südlichen Afrika und ist heute Professor für Religionsgeschichte und Missionswissenschaft an der Universität Heidelberg.

Zahlreiche Veröffentlichungen zur Erforschung afrikanischer Religionen, zur christlichen Kunst in der Dritten Welt und zur Missionstheologie.

S.A.G. Angermüller, Theo Sundermeier
Das Vaterunser in Bildern, Zeichen, Sprachen

© 1993 Calwer Verlag Stuttgart

Gesetzt in Helvetica und Futura
von der Firma Textop, Trier
Repros: Reproteam Siefert, Ulm
Druck: Appl, Wemding
Papier: 170 g h'frei Bilderdruck, chlorfrei
von der Papierfabrik Biberist
Fadengeheftet und flexibel gebunden
Buchbinder: Moser, Weingarten
Umschlaggestaltung: Klaus Dempel, Stuttgart
mit einer partiellen Drucklackierung
der Firma Nickert, Feldkirchen

ISBN 3-7668-3225-5